La ciencia de las gemas

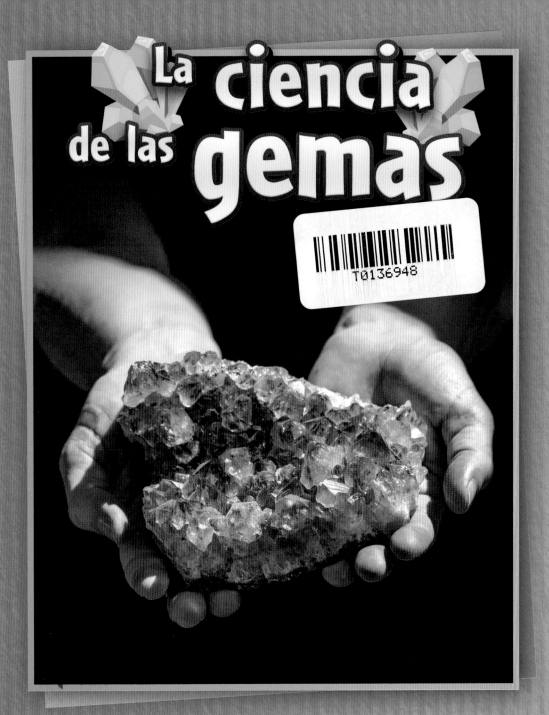

Serena Haines

Autora contribuyente

Jennifer Lawson

Asesores

Jeffrey E. Post, Ph.D.
Director, Departamento de Ciencias Minerales
Curador, Colección Nacional de Gemas y Minerales
Smithsonian Institution

Sharon Banks
Maestra de tercer grado
Escuelas Públicas de Duncan

Créditos de publicación

Rachelle Cracchiolo, M.S.Ed., *Editora comercial*

Conni Medina, M.A.Ed., *Redactora jefa*

Diana Kenney, M.A.Ed., NBCT, *Directora de contenido*

Véronique Bos, *Directora creativa*

Robin Erickson, *Directora de arte*

Michelle Jovin, M.A., *Editora asociada*

Caroline Gasca, M.S.Ed., *Editora superior*

Mindy Duits, *Diseñadora gráfica superior*

Walter Mladina, *Investigador de fotografía*

Smithsonian Science Education Center

Créditos de imágenes: portada, pág.1, pág.5 (superior), pág.22 (inferior), pág.24 (derecha), pág.25 © Smithsonian; págs.6–7 Dorling Kindersley/Science Source; pág.7 (inferior) Carrie Wallestad; pág.8 (inferior) Phil Hill/Science Source; págs.8–9 Javier Trueba/MSF/Science Source; pág.10 Bloomberg/Getty Images; pág.11 Olivier Polet/Corbis /GettyImages; pág.13 (superior) Malcolm Fielding, The BOC Group plc/Science Source; pág.15 (superior) Serato/Shutterstock; pág.16 (inferior) De Agostini Editorial/Getty Images; págs.16–17 Bill Bachmann/Science Source; pág.20 Carroll Photo/Shutterstock; pág.24 (izquierda) Museo Nacional de Historia, Castillo de Chapultepec, México; todas las demás imágenes cortesía de iStock y/o Shutterstock.

Library of Congress Cataloging-in-Publication Data

Names: Haines, Serena, author. | Smithsonian Institution.
Title: La ciencia de las gemas / Serena Haines.
Other titles: Science of gems. Spanish
Description: Huntington Beach, CA : Teacher Created Materials, [2020] |
  Includes index. | Audience: K to Grade 3.
Identifiers: LCCN 2019047656 (print) | LCCN 2019047657 (ebook) | ISBN
  9780743926430 (paperback) | ISBN 9780743926584 (ebook)
Subjects: LCSH: Gems--Juvenile literature. | Crystals--Juvenile literature.
Classification: LCC QE392.2 .H3518 2020 (print) | LCC QE392.2 (ebook) |
  DDC 553.8--dc23

Teacher Created Materials

5301 Oceanus Drive
Huntington Beach, CA 92649-1030
www.tcmpub.com
ISBN 978-0-7439-2643-0
© 2020 Teacher Created Materials, Inc.
Printed in Malaysia
Thumbprints.25941

Contenido

De minerales a gemas

   ¿Alguna vez has mirado una roca de cerca? Es posible que veas pequeñas manchas de colores. Son algunos de los **minerales** que forman la roca. Algunos minerales se pueden cortar y pulir para hacer gemas.

   Lleva mucho trabajo hacer gemas. Algunas personas tienen que hallar los minerales. Otras tienen que cortar y pulir los minerales para hacer las gemas. Pero ¿cómo es el trabajo de esas personas? Todo comienza con la búsqueda de minerales.

Algunos de estos minerales llamados esmeraldas se cortaron y se pulieron para hacer gemas.

Los trozos del mineral ópalo que forman parte de esta roca son fáciles de ver.

Cómo se forman los minerales

Los minerales se forman en las rocas de tres maneras. La primera se relaciona con el **magma**. El magma se encuentra debajo de la tierra. Está hecho de rocas tan calientes que se han convertido en líquido. Esas rocas están formadas por minerales.

Con el tiempo, el magma sube a la superficie de la Tierra. Se enfría a medida que sube. Una vez que el magma se enfría lo suficiente, se vuelve sólido. Así se forman las rocas **ígneas**. Estas rocas están hechas de los mismos minerales que el magma.

Ciencias

Minerales y cristales

La mayoría de los minerales que están en la naturaleza son **cristales**. Cada cristal está formado por cuerpos sólidos que tienen una forma especial. No todos los cristales se pueden convertir en gemas. La sal es un mineral que también es un cristal. Pero ¡no hacemos gemas de sal!

volcán

magma que sube a la superficie de la Tierra

rocas ígneas

magma caliente acumulado

Esta roca está formada por obsidiana, una roca ígnea.

La segunda manera en que se forman los minerales está relacionada con el agua subterránea. En lo profundo de la Tierra, los minerales **se disuelven** en el agua debido al calor y la presión. El agua caliente llena las grietas de las rocas. Con el tiempo, el agua se enfría. La presión baja. Luego, los minerales forman cristales en el agua. Los cristales nuevos llenan las grietas de la tierra. Esas grietas se llaman venas.

La tercera manera en que se forman los minerales también se relaciona con el agua. Hay agua que tiene minerales disueltos. Cuando esa agua mineral se calienta, **se evapora**. Entonces, solo quedan los minerales.

En Kenia, un científico estudia una vena de minerales que están en la tierra.

Un científico estudia cristales gigantes en Pulpí, España.

Trabajo en equipo

Los minerales se pueden usar para muchas cosas. Los científicos, los constructores, los médicos y otras personas necesitan minerales para su trabajo. Los **geólogos** los ayudan a encontrar rocas y minerales **raros**.

Los buscadores de gemas también buscan minerales en todo el mundo. Tratan de encontrar minerales que puedan pulirse para hacer gemas.

Un buscador de gemas busca esmeraldas en Colombia.

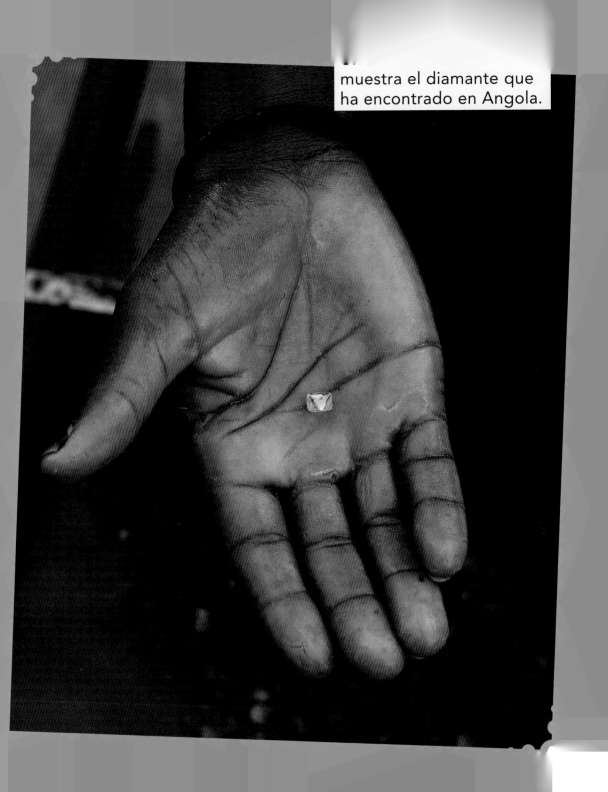

muestra el diamante que ha encontrado en Angola.

¿Cómo saben los buscadores de gemas si han encontrado un mineral que se puede convertir en una gema? Comienzan por llevar las rocas a quienes las estudian. Los científicos que estudian las rocas se llaman geólogos. Los geólogos usan herramientas especiales para saber de qué están hechas las rocas. Pueden decirles a los buscadores de gemas qué minerales hay en cada roca. Así ayudan a los buscadores de gemas a saber cómo pueden usar los minerales.

Un geólogo parte una roca para ver qué minerales contiene.

Un geólogo usa una máquina para estudiar y analizar minerales.

Luego, los buscadores de gemas visitan a los **gemólogos**. Estos científicos hacen muchas tareas diferentes. Algunos gemólogos pueden decirles a los buscadores de gemas cuánto dinero valen los minerales. Otros pueden estudiar y analizar las gemas. O bien, pueden usar las gemas para hacer herramientas. Las gemas se usan para hacer taladros, máquinas y computadoras, entre otras cosas.

Una gemóloga inspecciona una gema pulida y tallada.

Este constructor corta una pared de hormigón con una herramienta que tiene una pieza de diamante.

Tecnología e ingeniería

Los usos de las gemas

Muchas personas usan gemas todos los días. Los científicos usan gemas en los láseres. Los constructores usan las gemas más duras, como los diamantes, para taladrar y cortar cosas. ¡Hasta los relojes y los teléfonos celulares tienen gemas!

Hacer gemas

Para hacer gemas, los trabajadores cortan y pulen los minerales. Los minerales que todavía no están cortados ni pulidos se llaman "gemas en bruto".

El primer paso es separar los minerales en partes más pequeñas. De esa manera, son más fáciles de manejar. Se usan sierras y martillos para dividir y romper las gemas en bruto. El uso que se dará a la piedra preciosa determina qué tan grande debe ser la gema en bruto.

Un gemólogo usa un martillo y un cuchillo para romper una roca.

Esta gema en bruto se cortará y se pulirá para hacer un diamante.

Un gemólogo mira a través de una lente mientras una sierra corta un diamante.

Los científicos han identificado más de 5,000 tipos de minerales. Sin embargo, solo unos 15 se usan para hacer gemas de joyería.

Luego, se cortan las gemas en bruto para darles la forma adecuada. Es importante saber para qué se usará la gema terminada. Así las personas pueden decidir qué forma le van a dar.

El siguiente paso es **lijar** la gema en bruto. Esto ayuda a suavizar los bordes duros y los rayones. También ayuda a darle mejor forma a la gema.

Un cortador de gemas trabaja en un diamante en bruto.

Un niño aprende a lijar una gema en bruto en Ucrania.

Cortar gemas

Muchas gemas tienen lados pequeños y planos. Estos lados planos se llaman facetas. Los cortadores de gemas pueden hacer ciertas facetas para que las gemas brillen más. También pueden usar las facetas para formar patrones en la superficie de las gemas.

Una vez que la gema en bruto tiene el tamaño correcto, se pule o se alisa. El pulido se usa en las gemas en bruto facetadas. Es lo que convierte una gema en bruto en una gema preciosa. También le da brillo.

Algunas gemas en bruto no tienen facetas. En ese caso, el paso final es el alisado. El alisado crea gemas redondeadas y suaves.

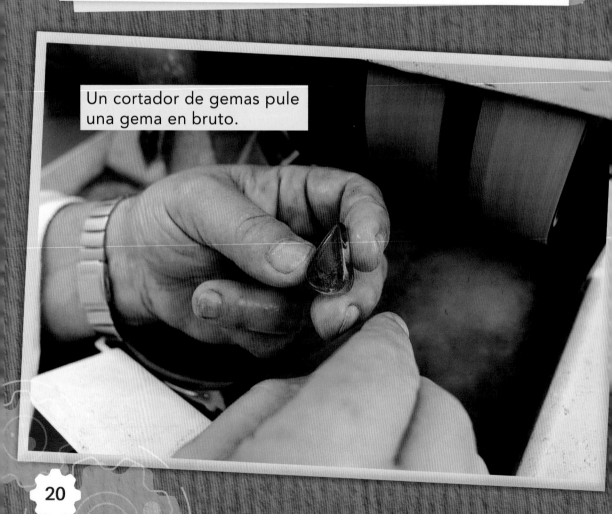

Un cortador de gemas pule una gema en bruto.

Estas gemas en bruto se alisan para que sean más suaves.

Contar quilates

El valor de una gema depende de varias cosas. Una de ellas es su peso. La unidad que se usa para medir el peso de las gemas es el quilate. Un quilate es igual a 200 miligramos. ¡Es más o menos el peso de una gota de lluvia!

Gemas famosas

Una vez que las gemas están pulidas, relucen y brillan. Algunas son obras de arte famosas. Estas son algunas de las gemas más famosas del mundo.

El ópalo oscuro del jubileo

El ópalo oscuro del jubileo es un ópalo negro famoso. ¡Es enorme! Pesa más de 300 quilates. Fue encontrado en Australia. De allí vienen la mayoría de los ópalos.

el ópalo oscuro del jubileo

Esta roca de Australia está formada por el mineral ópalo.

Este anillo tiene un ópalo blanco en el centro.

23

La esmeralda de Maxím

La esmeralda de Maximiliano tambi
famosa. Ese emperador de México so
puesta. No es tan grande como el óp
es famosa por su color verde intenso.

Esta pintura de 18
muestra al empera
Maximiliano I de M

la esmeralda de Maximilia

El diamante Hope

La mayoría de los diamantes no tienen color. Pero el diamante Hope es azul. Eso lo hace raro. El diamante pertenecía a la familia Hope. Así obtuvo su nombre. Se dice que es el diamante más famoso del mundo.

el diamante Hope

Para empezar

Las gemas y los minerales tienen muchos usos. Algunas personas los usan en el laboratorio. Otras los usan para perforar la tierra. ¡Y hay personas que solo quieren tener joyas bonitas!

Si quieres aprender más sobre las gemas, comienza a recolectar rocas. Trata de ver de qué minerales están hechas. Quizás encuentres la próxima gema famosa. ¡Solo necesitas un poco de suerte!

Algunas rocas se llaman geodas. Son huecas y están cubiertas de cristales por dentro.

DESAFÍO DE CTIAM

Define el problema

Imagina que tú y un amigo quieren salir a buscar gemas. Construye una herramienta que te ayude a sacar las rocas del suelo para inspeccionar los minerales que tienen.

 Limitaciones: Puedes usar palitos para manualidades, papel de aluminio, cartón, bandas elásticas, utensilios de plástico, sujetapapeles y vasos de plástico.

 Criterios: Tu herramienta debe ayudar a un buscador de gemas a sacar una roca de una bola de lodo. También debe ayudarlo a recoger la roca. Tu herramienta debe funcionar sin que la persona toque el lodo.

Investiga y piensa ideas

¿Cómo saben los científicos dónde encontrar gemas? ¿Cómo se hacen las gemas? ¿Qué herramientas usan los geólogos para partir las rocas?

Diseña y construye

Bosqueja un diseño de tu herramienta. ¿Qué propósito cumple cada parte? ¿Cuáles son los materiales que mejor funcionarán? Construye el modelo.

Prueba y mejora

Usa tu herramienta para sacar una roca de una bola de lodo. Luego, usa tu herramienta para recoger la roca. ¿Funcionó? ¿Cómo puedes mejorarla? Mejora tu diseño y vuelve a intentarlo.

Reflexiona y comparte

¿Qué fue lo más difícil cuando construiste tu herramienta? ¿Hay otra manera de probar tu diseño? ¿Cómo cambiarías tu diseño si tuvieras que partir la roca?

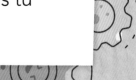

Glosario

cristales: minerales que se presentan como cuerpos sólidos con lados lisos y suaves

gemólogos: personas que examinan cristales y gemas

geólogos: científicos que estudian las rocas, el terreno y el suelo para aprender más sobre la historia de la Tierra

ígneas: tipos de rocas que se forman cuando la roca líquida caliente se enfría y se endurece

lijar: hacer que una superficie se vuelva más suave al frotarla con un objeto áspero

magma: roca líquida caliente que está bajo la superficie de la Tierra

minerales: sustancias que se forman naturalmente en la tierra

raros: poco comunes

se disuelven: se mezclan con un líquido hasta que el sólido pasa a ser parte del líquido

se evapora: cambia de líquido a gas

Índice

Consejos profesionales
del Smithsonian

¿Quieres estudiar las gemas?

Estos son algunos consejos para empezar.

"Cuando era niño, recolectaba rocas en todos los lugares a los que iba. ¡Si quieres aprender sobre rocas, minerales y gemas, conviértete en geólogo!". —*Jeffrey E. Post, director y curador*

"Si te encantan las gemas, como a mí, conviértete en gemólogo. Ve a los museos y aprende sobre las gemas que están en exhibición. ¡Algún día podrás enseñarles a otros sobre las gemas!". —*Christine Webb, gemóloga*